AF227333

DISCOURS FUNÈBRE

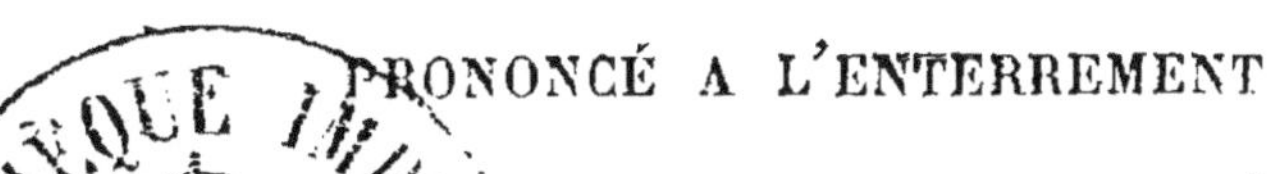

PRONONCÉ A L'ENTERREMENT

DE

MONSIEUR GEORGES CONRAD NARDIN-LODS

Le 14 Juin 1869.

MULHOUSE

IMPRIMERIE DE J. P. RISLER ET Cie.

—

1869.

TEXTE

« Et Israël (Jacob) dit à Joseph:
Voici, je vais mourir; mais Dieu
sera avec vous et vous fera retourner au pays de vos pères. »
(Genèse Ch. 48, 21.)

Le testament d'un père chrétien mourant.

Je vais mourir, et c'est en chrétien, dans la foi en
mon Sauveur et dans sa communion que je veux mourir : Voilà comment s'exprimait, en réponse aux exhor-
tations fraternelles que je lui adressais, voilà, dis-je,
comment s'exprimait peu de temps avant son départ de
ce monde, le frère bien-aimé, dont nous entourons en
ce moment la dépouille mortelle de nos regrets et des
témoignages de notre pieuse affection. C'est en élevant
son âme à son Dieu-Sauveur par la prière et par la
méditation des augustes vérités de l'Evangile ; c'est en
s'unissant dans le saint sacrement de la Cène à ce Dieu-
Sauveur qu'il avait confessé et aimé, que notre frère
s'est préparé avec le calme et la fermeté d'une foi sin-

cère, mais au milieu de grandes souffrances, à l'heure solennelle de son délogement, à cette heure, qui devait sonner pour lui, avant qu'il fût arrivé à l'extrême vieillesse, et alors qu'il pouvait espérer de rester quelques années de plus le chef respecté et aimé d'une famille qui désirait vivement que ses jours se prolongeassent sur la terre, et au milieu des siens au bonheur desquels il était encore bien nécessaire.

Oui, notre frère a quitté avec un détachement, avec une soumission et une résignation à la volonté de Dieu, qui a profondément édifié ceux qui, comme moi, ont été témoins de ses derniers moments; il a quitté chrétiennement une vie, à laquelle il avait bien des motifs de tenir, et dont la prolongation lui aurait permis de rendre encore bien des services à sa famille, à son endroit natal et à la société tout entière et d'ajouter de nouveaux titres à ceux qu'il avait acquis déjà à notre estime, à notre reconnaissance et à notre attachement.

Vous le savez, notre frère défunt était généralement aimé au milieu de nous; car il s'était fait de nombreux amis parmi ceux pour lesquels il avait été d'abord un instituteur et un maître habile et dévoué, qui avait dirigé avec intelligence et amour leurs premiers pas dans la vie; à ces services précieux qu'il avait rendus, dans sa jeunesse, à notre population, il en avait ajouté et il en ajoutait tous les jours de nouveaux, en sa qualité de membre du conseil municipal et d'adjoint de la mairie d'Héricourt, fonctions dans lesquelles il portait des connaissances spéciales et une expérience consommée de nos intérêts et de nos besoins; ensuite, comme membre de la délégation chargée de surveiller les écoles de notre canton, du comité de statistique du même can-

aumônes et de la fabrique de notre paroisse. Il laisse au milieu de nous, à ces différents égards, un vide profond, et souvent nous remarquerons avec douleur combien il nous manque. Ah ! sans doute, des liens puissants et chers devaient l'attacher à la vie ; et l'affection dont ses compatriotes l'entouraient, rendant ainsi un hommage mérité à son dévouement au bien public, à ses qualités et à ses vertus d'homme, de citoyen, et de chrétien semblait devoir lui rendre bien pénible la mort qui venait le rappeler déjà du théâtre de sa pieuse activité. Sans doute, cette mort, préparée par de cruelles souffrances, et qui devait l'enlever à tout ce qui lui était cher ici-bas, aurait eu de quoi l'abattre et le remplir des regrets les plus amers, s'il n'avait pas été un chrétien convaincu et fortement arrêté sur le rocher des siècles ; s'il n'avait pas su en qui il croyait ; s'il s'était laissé aller, comme tant d'autres, au torrent de cette incrédulité et de cette apostasie qui fait tant de ravages de nos jours, et qui prépare à une société en révolte contre Dieu et son Evangile des jours de larmes et de deuil. Mais, je le répète, il est mort, comme il le disait, en chrétien ferme dans sa foi et dans l'espérance qui ne confond point, et laissant ainsi à sa famille un exemple, et comme un testament qu'elle doit recueillir avec vénération, ainsi que Joseph recueillit celui de son père Jacob. Le testament ou les dernières manifestations des sentiments et des vœux d'un père chrétien, que la mort appelle à entrer dans l'éternité, oh ! quoi de plus respectable, de plus sacré et de plus cher pour une famille ! Quoi de plus propre à inspirer à tous les membres de cette famille le respect et l'amour de l'Evanton, et comme receveur et trésorier de la caisse des

gile, qui est la source de la paix dans la vie et dans
la mort, et qui montre, d'une manière incontestable,
sa vérité, sa sainteté et sa douceur céleste dans le
calme et la sérénité avec lesquels il permet d'aller au
devant de la mort, et de la saluer comme une messa-
gère de bonne nouvelle.

Voici, je vais mourir, disait Jacob à son cher Joseph et a dit également plus d'une fois notre frère à
ceux qui s'approchaient de son lit de souffrances. Quand
un père chrétien, qui est tendrement dévoué aux intérêts les plus précieux et au bonheur éternel de ses enfants, voit approcher l'heure de s'en séparer ici-bas, il
ne cherche point à se leurrer et à tromper les siens sur
ce qui l'attend.

Il déclare à ses bien-aimés d'une manière prudente,
sans doute, mais ferme et calme, que le moment de
se quitter est venu. Il le leur déclare non-seulement
par ses paroles et ses discours, mais surtout par sa
conduite, par le caractère religieux et solennel de ses
entretiens, par les mesures qu'il prend pour disposer
de sa maison, pour mettre ordre à ses affaires tempo-
relles, et empêcher, autant que possible, que des con-
testations et des disputes d'intérêt ne viennent après
sa mort, diviser et aigrir les uns contre les autres ceux
qu'il laisse sur la terre, et les porter à s'engager dans
des procès ruineux.

Il s'efforce de les préparer à la perte qu'ils feront
bientôt, afin qu'ils la reçoivent et la supportent avec
une soumission filiale à la volonté de Dieu ; afin qu'ils
prennent surtout la résolution de s'appliquer avec un
redoublement de zèle à se conduire en vrais citoyens
du ciel et à placer leur cœur là où est leur véritable

trésor. Il les engage à employer de telle sorte le temps bien court qu'ils pourront encore passer avec lui, qu'il contribue à resserrer pour toute l'éternité les liens de leur mutuelle affection. Il cherche surtout à leur rendre respectable et chère la religion et la piété, en leur montrant, par son exemple, avec quelle paisible dignité avec quelle grandeur d'âme et quel détachement du monde le chrétien, éclairé et soutenu par elle, peut mourir.

·C'est ainsi que Jacob préparait ses enfants à leur prochaine séparation, en leur disant : *je vais mourir.* C'est ainsi que Jésus préparait également ses disciples à son départ de ce monde : *Mes petits enfants, je ne suis plus avec vous que pour peu de temps ; vous me chercherez, et comme je l'ai dit aux Juifs, je vous le dis aussi maintenant: Vous ne pouvez encor evenir où je vais.* Voilà, pour parler ainsi, le côté triste et affligeant du testament d'un père mourant. Mais il y a dans un pareil testament une partie et une face plus réjouissante, et la voici exprimée dans ces paroles de Jacob : Si je suis obligé de vous quitter, *Dieu sera* constamment *avec vous.* Telle est la douce assurance que le chrétien mourant peut donner aux siens dans un esprit de ferme foi et de sainte confiance en la bonté de Dieu, dont il a fait, pendant sa carrière terrestre, l'heureuse expérience. Il place ceux qui lui sont chers sous la protection et la garde de ce Dieu, qui est immuable et éternel ; il les recommande à son fidèle amour ; non qu'il ose en attendre et s'en promettre pour ses bien-aimés des miracles et une assistance surnaturelle et extraordinaire, mais il leur annonce et leur garantit le secours et la bénédiction de leur Père céleste, s'ils ne cessent de le craindre et de l'aimer, s'ils déploient un zèle persévérant à le servir, de la fidélité à ses ordres, une pieuse activité dans leur vocation, en un mot une conduite chrétienne et digne en tout du beau titre d'enfant de Dieu. Ah ! le chrétien près de comparaître devant le tribunal de son Juge suprême, dans ce moment où les illusions et les vains prestiges s'évanouissent, et où la vérité parle à la raison et à la conscience d'une voix éloquente, le chrétien presse ceux dont il ne peut se séparer sans déchirement de cœur *de vivre dans la tempérance, dans la justice et dans la piété*, afin qu'ils puissent le rejoindre un peu plus tôt ou un peu plus tard dans le monde meilleur, où il est près d'entrer ; dans ce monde d'où la mort est bannie, et où les enfants de Dieu se réunissent autour de lui pour célébrer éternellement avec les anges et les bienheureux les merveilles de la rédemption, et les trésors inépuisables de la miséricorde divine. *Dieu sera avec vous* pour vous consoler, pour vous diriger, pour vous sauver à l'heure de la tentation et du danger, pour vous bénir de ses meilleures bénédictions, si vous demeurez constamment en lui par la foi, par l'obéissance et par l'amour.

Dieu, leur dit-il encore, comme Jacob à Joseph, *Dieu vous ramènera dans la terre de vos pères*, c'est-à-dire, vous fera retourner dans le pays de Canaan. Quant au père chrétien mourant, c'est à la Canaan céleste qu'il pense; c'est là qu'il donne rendez-vous aux siens. Je vous précède, leur dit-il, dans le ciel qui est la véritable et éternelle patrie des enfants de Dieu, des rachetés de Jésus. Vous m'y suivrez bientôt si vous vous montrez d'ailleurs dociles à mes dernières volontés, à mon vœu suprême, en vivant pour le

...gneur, en marchant d'un pas ferme sur ses glo-
rieuses traces dans la foi, dans l'espérance et la cha-
rité, c'est-à-dire en vous conduisant sur la terre en
citoyens et en héritiers du ciel. Ah ! combien l'amer-
tume de la mort n'est-elle pas adoucie pour un père
mourant, quand il peut emporter dans le sépulcre,
non-seulement l'assurance si consolante du pardon de
ses péchés, de sa pleine réconciliation avec Dieu et de
son salut en Jésus-Christ, mais encore la délicieuse espérance de retrouver les siens dans le ciel et de s'y
réunir éternellement à eux auprès et dans la société
de Celui *qui est la résurrection et la vie pour tous
ceux qui croient en lui* ! Et quel motif sacré pour ceux
qui lui survivent de ne pas tromper son espérance, et
de marcher sans cesse dans les voies de la piété et de
la sainteté, qui seules conduisent à l'immuable félicité
du ciel !

Que telle soit donc votre inébranlable résolution, vous
qui pleurez aujourd'hui un père digne de tout votre
attachement. Oui, réjouissez son âme qui vient, lavée
et purifiée dans le sang de Jésus, et réconciliée par la
repentance et par la foi avec le Dieu qui pardonne
abondamment et veut, comme sa Parole nous le dit,
non la mort du pécheur mais sa conversion et sa vie ;
réjouissez, dis-je, son âme qui vient d'entrer dans son
repos après bien des agitations et des souffrances, en
lui promettant, du fond de vos cœurs, d'imiter sa foi
et son dévouement à l'Evangile de la vérité et de la
grâce, de vous donner sans partage à Celui qui s'est
donné tout entier pour vous, et d'honorer votre pro-
fession du christianisme par une vie vraiment chrétienne, par votre union fraternelle, par votre esprit de

concorde et de paix. C'est ainsi que vous accomplirez le testament solennel d'un bon père, et que vous pourrez le rejoindre un jour dans la Jérusalem d'en haut. Que Dieu vous en accorde la grâce !

Et vous, chers frères, qui avez voulu rendre un témoignage solennel de votre reconnaissance et de votre pieux attachement à l'homme de bien, au concitoyen dévoué de cœur aux intérêts de ses frères, à l'homme de bons conseils et essentiellement obligeant qui vous a souvent fait profiter des lumières de sa belle intelligence, de son jugement droit et sûr, et de sa longue expérience des hommes et des choses; dites-vous que s'il s'est acquis tant de titres à votre estime et au pieux souvenir que vous aimerez, je n'en doute point, à en conserver, c'est qu'il était, avant tout, un chrétien sincère et éclairé.

Prenez exemple sur lui, pour vous attacher de cœur à l'Evangile du salut, et pour le professer ouvertement, et sans cette fausse honte et ce puéril orgueil qui, de nos jours, en éloignent tant de personnes, et les conduisent à déserter nos temples, et à se plonger dans une indifférence et un relâchement si funestes à la vraie moralité et au bonheur. Ne vous laissez pas entraîner au torrent de cette incrédulité et de cette impiété brutale, qui ne craint pas, trop souvent, d'aller jusqu'à l'athéisme et au matérialisme le plus grossier, qui flétrit les plus nobles sentiments de notre cœur, qui dépouille la vie de sa vraie dignité, et de ses charmes célestes, et qui laisse sans force, sans consolation et sans espérance en face de la tentation et du malheur, et à l'approche de la mort.

Ne marchez pas sur les honteuses traces de ces malheureux qui vivent dans le monde sans Dieu, qui n'ont pas d'autre culte que celui de l'or et du plaisir, pas d'autre loi que celle de leurs convoitises et de leurs passions. Ah ! repoussez loin de vous avec une sainte indignation les maximes de cette impiété qui ne respecte plus rien, qui assimile l'homme à la brute, en lui attribuant une même origine et une même nature, et qui le conduit aussi bien souvent à rivaliser de bassesse avec la brute. Quoi ! vous auriez honte d'être les adorateurs du Dieu tout parfait et les disciples du plus saint des maîtres, de l'idéal accompli de la beauté morale et de la perfection, et vous ne rougiriez pas de vous laisser ravaler au niveau des bêtes des champs. Ah ! mes frères, ayez une plus grande, une plus noble ambition, une meilleure idée de vous-mêmes, des aspirations plus élevées ; et dites-vous, avec une pleine conviction, qu'enfants d'un Dieu de sainteté, vous devez tendre à la sainteté et au ciel. Faites-le, et vous serez bénis dans le temps et dans l'éternité ; et l'heure de la mort sera pour vous l'heure du triomphe et de la gloire !

Ainsi soit-il.